Melanie Eggert | Christel Org

Pfiffige Ideen mit Montessori-Tabletts

Ökotopia Verlag, Aachen

Impressum

Autorinnen Melanie Eggert, Christel Org
Lektorin Beate-M. Dapper
Fotos Melanie Eggert, Christel Org
Covergestaltung PERCEPTO mediengestaltung
Layout & Satz designmeetsmotion.com, Tina Meffert
Druck Drukarnia Dimograf Sp.z o.o. Polen

ISBN 978-3-86702-373-3
4. Auflage © 2020 Ökotopia Verlag GmbH & Co. KG

Bleiben Sie in Kontakt

www.oekotopia-verlag.de

Inhalt

Vorwort

Warum die Arbeit mit pfiffigen Ideen auf Tabletts
so viel Freude bereitet. 4

Pädagogisches Basiswissen 5

Die Grundregeln 6

Anleitung für den Umgang mit dem Tablett 7

Pfiffige Ideen mit Montessori-Tabletts

Ideen für Tabletts und Körbe

Tierkarten 10
Klettdose 12
Plopper 14
Erbsenmusik 16
Steckring 18
Dosensammlung 20
Knopfdosen 22
Bunte Strohhalme 24
Wattestäbchenglas 26
Nusspyramide 28
Geschenkboxen 30
Erbsenfuß 32
Miniaturbilder 34
Knopfschlange 36
Pomponteller 38
Wörter legen 40
Zahlenspinnennetz 42
Mathemuffins 44

Ideen für Flaschen

Perlenkettenflasche 46
Schwebende Perlen 48
Gelperlenflasche 50
Detektivflasche 52
Magnetflasche 54

Ideen für Wannen und Schalen

Ballangeln 56
Bommelschale 58
Maiswanne 60
Grießbecken & Sandrad 62
Lichtbox 64
Wasser- und Luftexperimente 66
Magnetschatzsuche 68

Kreativtabletts

Erstes Schneiden 70
Deckchen stempeln 72
Stickerkarten 74
Wattestäbchenmalerei 76
Nadelkissen 78
Farblabor 80

Anhang

Portfolios 82
Einkaufshinweise, Tipps und Tricks,
Literaturhinweise 84
Über die Autorinnen 86

Vorwort

Warum die Arbeit mit pfiffigen Ideen auf Tabletts so viel Freude bereitet.

Ein Erfahrungsbericht

2007 bekamen wir im Rahmen einer Hospitation Einblick in die Arbeit mit Arbeitstabletts nach Maria Montessori. Wir informierten uns zum Thema und waren von dieser Methode begeistert. Ein einfaches Tablett, welches jedes Kind anspricht und fördert und dabei schnell und kostengünstig herzustellen ist, ist die Basis. Alle weiteren Materialien waren ohnehin schon im Kindergarten vorhanden. Schließlich haben wir gemeinsam mehr als hundert Aktivitäten für Kinder mit und ohne Behinderung angeboten und zum Teil mit ihnen entwickelt.

Kinder, Eltern und besonders auch Kolleginnen sind immer wieder begeistert, wenn sie diese Angebote kennenlernen. Häufig wurden wir gebeten, Material, Vorlagen und Ideen weiterzugeben.

Faszinierend ist unsere Beobachtung, dass selbst sehr aktive Kinder zur Ruhe kommen und sich intensiv und ausdauernd mit den Tabletts auseinandersetzen. Das gut strukturierte Spielangebot mit vielfältigen Sinneserfahrungen eignet sich darüber hinaus besonders auch für Kinder mit Behinderung.

Die Kinder bestimmen Dauer, Verlauf und Intensität des Spiels selbst. Das führt auch bei kleinen Kindern zu entspannter, interessierter Grundhaltung und regt den Entdecker- und Forschergeist an.

Immer wieder durften wir beobachten, dass selbst einfache Aufgaben, zum Beispiel das Öffnen und Schließen von verschiedenen Dosen, die Kinder fasziniert und zu vielfacher Wiederholung motiviert. Wunderschön ist es auch zu sehen, wie groß die Freude des Kindes ist, wenn es eine Aufgabe gelöst hat und stolz und selbstbewusst seine Arbeit präsentiert.

Beispiel Klettdose

Der Junge hat die Chipsdose mit den angekletteten Kleinteilen entdeckt. Er „reißt" alle Kleinteile ab und heftet sie wieder an. Er entdeckt den Schlitz auf dem Deckel der Dose, schaut hinein und rüttelt sie. Er „reißt" eine Figur von der Dose und wirft sie in den Schlitz, freut sich über das Geräusch und schüttelt die Dose heftig. Er öffnet sie, schüttet die Figur aus, schließt die Dose wieder, wirft die Figur wieder ein und freut sich erneut über das Geräusch. Dann teilt er der Erzieherin seine Entdeckung mit seinen sprachlichen Möglichkeiten und einer kleinen Vorführung freudig mit. Noch viele Male wiederholt er diesen Spielvorgang und variiert ihn. Der Junge hat heute gelernt:

- Er ist ein großer Entdecker.
- Er kann Spiele erfinden.
- Er kann Deckel öffnen und schließen.
- Er kann Musik machen.
- Er kann stolz auf sich sein.
- Er kann Freude teilen.
- Er kann sich mitteilen.

Dies ist nur ein Beispiel von vielen guten Erlebnissen, die wir begleitet und oft mit einer Fotokamera dokumentiert haben. So konnten wir sehr schöne Entwicklungsmomente festhalten, die auf einer Portfolioseite auch eine wunderbare persönliche Erinnerung für die Kinder wurden.

Als wir mit den Tabletts begannen, in der Gruppe zu arbeiten, gaben wir den Kindern eine Arbeit an die Hand, die sie alleine und wiederholt selbstständig spielen konnten. Das Spielgeschehen in der Gruppe beruhigte sich zusehends. So hatten auch wir mehr Ruhe und fühlten uns nicht mehr so zerrissen von den vielen zeitgleichen Kinderwünschen. Wir hatten wieder Zeit für die Arbeit mit kleinen Gruppen oder mit dem einzelnen Kind.

Über einen längeren Zeitraum entwickelte sich zusehens ein entspanntes Arbeiten in der Gesamtgruppe. Heute ist für uns das ruhige, zuversichtliche, konzentrierte Miteinander schon selbstverständlich. Die Kinder sind sehr selbstständig und helfen sich gegenseitig, ohne aufdringlich oder bestimmend zu werden.

Wertschätzung und Achtsamkeit sind Dinge, die sich im Miteinander entwickelt haben und die wir nicht mehr missen mögen.

Pädagogisches Basiswissen

Wie Kinder lernen und warum „pfiffige Montessori-Ideen" das Lernen unterstützen.

Die Montessori-Pädagogik gibt es seit 1907. Sie trägt den Namen ihrer Gründerin Maria Montessori. Ihre Pädagogik entstand während ihrer langjährigen Arbeit mit behinderten und nichtbehinderten Kindern und nicht zuletzt mittels genauer Beobachtung.

Sie beruht auf dem Bild des Kindes als „Baumeister seines Selbst". Maria Montessori setzte nie etwas voraus, sondern nahm die Kinder an, wie sie waren. Sie erkannte, dass Kindern durch *Druck und Zwang nicht mehr Wissen vermittelt* werden kann. Arbeits- oder Lernangebote erfolgen deshalb als freiwilliges Angebot.

Dem Kind wird je nach Alter immer mehr *Verantwortung für sich selbst* übertragen. So lernen auch schon ganz kleine Kinder, für sich selbst Sorge zu tragen. Einen großen Teil der Montessori-Pädagogik nimmt auch die Achtung für Umwelt und Mitgeschöpfe ein (für die Erde, Pflanzen, Tiere, aber auch für andere Menschen).

Der wohl bekannteste aller Grundgedanken ist: *Hilf dem Kind, es selbst zu tun*. Maria Montessori erdachte verschiedenste Materialien, um die Lerninhalte buchstäblich *begreifbar* zu machen. Nahezu alle Materialien haben einen hohen Aufforderungscharakter und sind leicht verständlich. Die angebotenen Materialien stehen dem Kind immer geordnet zur Verfügung und dürfen jederzeit in Ruhe benutzt werden.

Die Kinder werden in sich gestärkt und erleben Lernen als etwas Positives. Sie kennen ihre Stärken und können auch Schwächen akzeptieren, die nicht als endgültig, sondern als immer wieder verbesserbar angesehen werden.

Anfang des 21. Jahrhunderts sagen führende Neurologen und Pädagogen: *Unser Gehirn lernt immer, in jeder Minute*. Schon durch Beobachten einer zwischenmenschlichen Interaktion ist unser Gehirn imstande, wichtige Regeln für das Miteinander zu erkennen. Können immer wieder ähnliche Situationen beobachtet werden, also immer gleiche Impulse über die Synapsen laufen, entstehen gebrauchsabhängige Spuren, die dem Gehirn helfen, die Regeln dahinter zu verinnerlichen. Mit so einer *sicheren Spur* ist es ein Leichtes, immer weitere Erfahrungen zu ermöglichen. Nach und nach legt sich auf diese Weise ein Netzwerk in unserem Gehirn an, welches es uns leicht macht, sämtliche Regeln hinter den Dingen zu erkennen. So lernen wir einen Großteil in unserem Leben ganz nebenbei.

Auch das eigene Interesse spielt eine große Rolle. Haben Kinder an einem bestimmten Thema Interesse und wird dieses Bedürfnis kurzfristig befriedigt, ist die Intensität des Lernens, des Behaltens und Verstehens viel größer, als ohne diese wichtige Voraussetzung.

Heute sind wir in der Lage, das menschliche Gehirn beim Arbeiten zu beobachten. So stellte Prof. Dr. Dr. Manfred Spitzer fest: *Angst und Kreativität schließen sich aus*. Das heißt, den Erfahrungsbereich, den man mit Angst verbindet, kann man nicht kreativ nutzen. Denn schon bei dem Gedanken an die schlechte Erfahrung macht sich wieder die Angst in uns breit und verhindert so die Möglichkeit der Kreativität.

Diese drei Grundsätze:

- Die sichere Spur,
- eigenes Interesse sowie
- Angst und Kreativität schließen sich aus

geben uns für die pädagogische Arbeit wichtige Richtlinien:

- Wiederholung ist wichtig!
- Beobachtung ist wichtig!
- Der richtige und somit selbstgewählte Zeitpunkt ist wichtig!
- Ruhe und Gelassenheit, also ausreichend Zeit, sind wichtig!
- Zuversicht in die Fähigkeiten des Kindes ist wichtig!
- Zu Ende spielen lassen ist wichtig!

Wir sehen, dass die Tablettarbeit, so wie wir sie anbieten, dem entspricht, was führende, moderne Neurologen und Gehirnforscher (Prof. Dr. Dr. Manfred Spitzer und Prof. Dr. Gerald Hüther) empfehlen. Diese weisen darauf hin, dass Kinder beim Lernen eine entspannte, positive Atmosphäre benötigen, damit ihre von Natur aus gegebene positive Grundeinstellung zu Neuem (zum Lernen) gewahrt bleibt. Gerald Hüther betont, dass Kinder nur dann *wirklich* lernen, wenn sie aus eigener Kraft Zusammenhänge und Handlungsabläufe erfahren.

Prof. Dr. Dr. Spitzer empfiehlt, mit den Stärken der Kinder zu arbeiten. Die Stärken sollen gefördert und nicht die Schwächen betont werden.

Wünschenswert ist es, die kindliche Neugier weiter anzufachen, um somit die kindliche Lernbereitschaft bis ins Jugend- und Erwachsenalter zu erhalten. Montessori arbeitete nach diesem Prinzip: „Vom Greifen zum Begreifen". Die Begeisterung und Hingabe, mit der die Kinder unsere Tablettangebote annehmen, bestätigt uns in unserer Arbeit.

Die Erfolge (unter anderem Konzentrationsförderung, entspannte Gruppenatmosphäre, Achtsamkeit und Wertschätzung) zeigen uns, dass wir auf dem richtigen Weg sind, eine gute Basis für die kindliche Entwicklung zu legen.

Die Grundregeln

Der Ursprung des Arbeitstabletts kommt aus der Montessori-Pädagogik und vertritt somit den Leitsatz *Hilf mir, es selbst zu tun*.

Das Arbeitstablett wird selbst gewählt. Das Prinzip eines Arbeitstabletts ist für Kinder schnell verstanden, und so kann die auf dem Tablett gestellte Aufgabe ohne Druck und mit Freude selbstständig erledigt werden. Kinder haben ein Erfolgserlebnis!

Mit diesen Bildungsanlässen kann man viele unterschiedliche Bereiche bei Kindern in verschiedenem Alter und mit unterschiedlichem Entwicklungsstand fördern. Ein abwechslungsreiches Angebot lässt keine Langeweile aufkommen. Immer wieder können sie in neuen Bereichen üben, ob nun in der Feinmotorik, im kognitiven Bereich, in der Sensibilisierung der Sinne, in der Kreativität oder im Tun im Rahmen des Alltags. Mit Kreativität und Einfühlungsvermögen können die Tabletts den Bedürfnissen der Kinder immer wieder angepasst werden. Schon nach kurzer Zeit arbeiten die Kinder ruhig, konzentriert, entspannt.

Im Umgang mit einer Aktivität gibt es drei wichtige Regeln, die vor allem durch das Vorleben der Erzieher deutlich werden:

1. Die Materialien auf einem Tablett bleiben zusammen und werden nicht mit anderen Dingen vermischt, da jedes Tablett eine konkrete Aufgabenstellung beinhaltet.

Anleitung für den Umgang mit dem Tablett

Ein wenig Mut gehört dazu.

Für viele Dinge, die auf den Tabletts angeboten werden, gibt es kein Zertifikat oder eine Unbedenklichkeitsgarantie. Es sind oft Alltagsmaterialien, die Kinder besonders faszinieren und denen sie häufig begegnen. Beobachten Sie „ihre Kinder" im Umgang mit den Dingen und setzen Sie die Materialien entsprechend ein.

Haben Sie zum Beispiel Kinder, die noch alles in den Mund nehmen, dann beachten Sie die Größe der Materialien oder deren Beschaffenheit. Haben Sie aber auch Zutrauen zu den Kindern. Es lohnt sich.

Die Arbeitshöhe

Die Tabletts liegen gut sichtbar und erreichbar für das Kind in offenen Regalen. Da Kinder gerne knien oder auf dem Teppich liegen, empfehlen wir, ein Bänkchen oder einen Teppich nahe des Regals zu platzieren. Die Tabletts kann das Kind dann zu einem Spielteppich transportieren, um dort zu arbeiten. Auch eine niedrige Bank oder ein niedriger Tisch (ohne Stuhl) ist als Arbeitsplatz gut geeignet und bei den Kindern beliebt.

Sie sollten darauf achten, dass das Kind wenig abgelenkt wird. Es ist empfehlenswert, den Teppich oder die Bank in einer ungestörten Ecke zu platzieren.

Der Anfang

Starten Sie mit nur 1 – 2 einfachen Arbeitstabletts. Die Kinder sollen sich zuerst an den Umgang und die Möglichkeiten dieses Angebotes gewöhnen. Sie können die drei Grundregeln und die ersten Tabletts gut im Morgenkreis vorstellen.

2. *Ein** Kind arbeitet an einem Tablett und darf nicht in seinem Tun gestört werden! Nur so hat es die Möglichkeit, sich in Ruhe und in seinem Tempo viele unterschiedliche Ideen und Lösungsmöglichkeiten zu erschließen.

3. Nach dem Arbeiten an einem Arbeitstablett einer Aktion muss der Ursprungszustand des Angebots vom Kind selbst wieder hergestellt werden! Nur so ist für jedes weitere Kind, welches sich anschließend dem Angebot widmet, die konkrete Aufgabenstellung zu erkennen.

* Die Einhaltung dieser Regel ist gerade bei der Einführung dieser neuen Arbeitsmethode sehr wichtig. Nur Zugucken ist erlaubt. Das Kind weiß so, dass es sich genügend Zeit nehmen darf – für die Arbeit an seinem Tablett, an seiner Lösungsmöglichkeit. Es hat das Recht, allein und konzentriert in Ruhe zu arbeiten. Die wartenden oder zuschauenden Kinder lernen, Geduld zu haben, entwickeln bereits eigene Lösungsmöglichkeiten, eigene Arbeitsstrategien.

Nach einigen Wochen entwickeln die Kinder im Umgang mit der neuen Arbeitsmethode und eigenen Erfahrungen eine individuelle und wertschätzende Strategie. Sie helfen einander nur, wenn das spielende Kind es wünscht. Die Kinder suchen dann nach einer gemeinsamen Lösung. Das Prinzip: *Hilf dem Kind, es selbst zu tun* wird von den Kindern selbst sehr ernst genommen und praktiziert.

Ein wichtiger Punkt ist auch die Rolle des Pädagogen, des Erwachsenen, bei dieser Arbeit. Er versteht sich dem Kind gegenüber als Helfer, Begleiter und Beobachter. Er bereitet eine *optimale Lernumgebung* vor und ist dafür zuständig, dass diese erhalten bleibt. Wenn das Kind Hilfe benötigt und darum bittet, hilft er. Danach nimmt er wieder die Rolle des Beobachters ein. Er fordert oder zwingt nicht, aber er bietet unermüdlich an.

Begleiten Sie das Kind, zeigen Sie ihm die Aufgabe, helfen Sie ihm beim ersten Aufräumen. Schon beim zweiten Spiel mit dem Angebot sollte das Kind alleine agieren; korrigieren Sie nur, wenn die Grundregeln nicht eingehalten werden.

Alles hat seine Zeit

Die Angebote haben keine konkrete Altersangabe. Die Entwicklung erfolgt in Schüben und nicht nach Terminkalender. Talente und Vorlieben sind sehr unterschiedlich. Denn: *Gras wächst nicht schneller, wenn du daran ziehst,* so ein afrikanisches Sprichwort. – Manche Angebote setzen auch bestimmte körperliche Fähigkeiten voraus. Sie kennen Ihre Kinder, wählen Sie das passende Angebot mit einem Lächeln im Gesicht aus. Machen Sie aus ihnen Gewinner!

Mit Freude

Freuen Sie sich über das TUN der Kinder – nicht über die Ergebnisse. Haben Sie keine Erwartungen. Kinder lieben es, zu forschen und ihre Welt zu begreifen. Bildung ist das Nebenprodukt von Spiel und Freude.

Nicht drängeln

Sie brauchen viel Geduld und Zuversicht in die Fähigkeiten des Kindes. Beachten Sie, dass immer genügend Zeit und Ruhe vorhanden ist. Nichts ist schlimmer, als mittendrin aufhören zu müssen. *Jetzt räum mal schnell weg* ist ungefähr so ärgerlich wie ein Stromausfall kurz vor Ende des Films.

Loben und lassen

Geht das Kind nicht sorgfältig mit dem Material um, dann sagen Sie es ihm. Es erwartet auch von ihnen Sorgfalt. Loben Sie nicht zu überschwänglich, freuen Sie sich mit dem Kind. Es gibt KEIN Ziel – erwarten Sie keins. Wenn zehn verschiedene Kinder ein Tablett bearbeiten, hat spätestens das achte Kind eine geniale Idee, auf die Sie nie gekommen wären. Auch wenn Sie die Idee für unpassend halten, akzeptieren Sie sie, freunden Sie sich damit an, denn oft ist es der Ansatz für ein neues Tablett. Ohne kreative Geister würden wir heute noch trommeln, statt zu telefonieren.

Fotos vom TUN

Fotografieren Sie Ihre Angebote für eine persönliche Kartei und für interessierte Kolleginnen und Kollegen. Fotos von Kindern bei der Arbeit können auch gut für ein Portfolio genutzt werden oder als wunderbare Erinnerung an einen Bildungsmoment dienen.

Sie können auf den Fotos sehen, was dem Kind Spaß gemacht hat, wann es freudig erregt war, wann es überfordert war, ob es entspannt arbeitete oder gestresst war. Viele Dinge sieht man auch erst auf den zweiten Blick, beim Betrachten der Fotos.

Es hilft Ihnen, selbst viele gute Spielideen zu entwickeln oder zu verbessern und mit dem Kind Spaß zu haben.

Wichtig

Behandeln Sie diese Anleitung wie ein neues Backrezept. Mindestens fünfmal sollten Sie sich genau an den Plan halten. Später backen sie schließlich ganz ohne Rezept und bauen Variationen ein, die den „Kuchen" dann zu Ihrer eigenen Kreation machen.

Viel Spaß wünschen Ihnen

Melanie Eggert und Christel Org

PFIFFIGE IDEEN
MIT
MONTESSORI-TABLETTS

Tierkarten

BILDUNGSMOMENT

Für das Kind ergeben sich viele Sprachanlässe. Die abgebildeten Dinge werden erkannt und benannt (Hund, Pferd, Kuh ...), Gemeinsamkeiten festgestellt (Tiere, vier Beine, zwei Ohren ...). Es wird angeregt zu sprechen, Wörter zu benutzen, seinen Wortschatz zu erweitern. Es lernt zu vergleichen, erkennen, beobachten. Greifbare und bildliche Darstellungen werden als gleich erkannt – Erfahrungen mit der Ein- und Dreidimensionalität gemacht. Das Kind entwickelt Ablauf- und Handlungspläne für sein Tun.

ab 1 Jahr

MATERIAL

- Tablett
- kleines Körbchen für die Tiere
- 4 – 6 verschiedene Tierfiguren
- kleine Bilderrahmen mit PVC „Glas"
- 4 – 6 Fotos der Tierfiguren
- bei größeren Kindern reicht es auch, die Fotos oder Bilder zu laminieren.

VARIANTEN

Bei größeren Kindern können auch Tierbilder aus Zeitschriften oder Fotos vom letzten Zoobesuch genommen werden. Noch schwieriger wird es, wenn das Bild nur die Tierfamilie oder die Tierart meint (Schäferhund/Dackel oder Sau/Ferkel).

IDEEN FÜR TABLETTS UND KÖRBE ▶ TIERKARTEN

◀ Das Kind betrachtet die Gegenstände und erkennt Ähnlichkeiten.

▶ Es ordnet Bilderrahmen zu Tieren und Tiere zu den entsprechenden Rahmen.

Wunderbar passt diese Angebotsform zu einer aktuellen Projektarbeit wie zu Weihnachten mit Christbaumschmuck und Fotos davon.

Klettdose

BILDUNGSMOMENT

Das Kind erfährt mittels Klettverschlüssen Sinneseindrücke (rau, kratzig und fusselig, weich). Es ist eine experimentelle Herausforderungen, denn die Haftpunkte müssen genau aufeinanderpassen. Das erfordert feinmotorische Fähigkeiten, Ruhe und Konzentration. Dieser Vorgang sowie das Einwerfen von Gegenständen, erfordert Geschick. Wird die gefüllte Dose geschüttelt, können Lieder rhythmisch begleitet werden. Das Tablett sollte mit angeklebten Blumen angeboten werden, damit sich eine logische Reihenfolge ergibt (entfernen, aufbringen, neu beginnen).

ab 1 Jahr

MATERIAL

▶ Körbchen ▶ gereinigte Dose (Chipsdose oder Babynahrung), welche z. B. mit bunter selbstklebender Folie verschönert werden kann. ▶ Streublümchen aus Holz (Tischdeko) ▶ Klettverschlusspunkte zum Aufkleben

VARIANTE

Diese Dose lässt sich je nach Jahreszeit oder Projekt variieren. Holzstreudeko gibt es reichlich: Schneemänner, Sterne, Muscheln, Schiffe, Piraten, Fische …

IDEEN FÜR TABLETTS UND KÖRBE ▶ KLETTDOSE

◀ Das Kind klettet die Blumen an die Dose ...

▶ ... und kann sie dann mit einem lauten Ratsch wieder entfernen.

Es kann sie wieder einwerfen, die Dose öffnen, die Blumen rausholen und wieder ankletten.

Plopper

BILDUNGSMOMENT

Ein hoher Kraftaufwand wird dem Kind abverlangt. Auch seine Feinmotorik beim Öffnen und Schließen des Deckels wird gefordert. Die Materialbeschaffenheit (glatt, klein, leicht, fest) der Tischtennisbälle spricht die Sinneswahrnehmung des Kindes an.

Dieses Tablett ist für die inklusive Arbeit gut geeignet. Auch das motorisch eingeschränkte Kind braucht hier nur wenig Unterstützung. Die Alltagsmotorik – etwas zu öffnen, gezielt einzuwerfen, Kraftaufwand einzuschätzen – wird auf spaßige Weise geübt.

ab 1 Jahr

MATERIAL

▶ Tablett ▶ gereinigte Dose mit Kunststoffdeckel (Babynahrung), die z. B. mit einer Selbstklebefolie verschönert werden kann (in den Deckel wird mit einem Cutter oder Bastelskalpell ein Kreuz eingeritzt. Wegen der Verletzungsgefahr bitte die Spitzen in der Mitte abrunden.) ▶ einige Tischtennisbälle ▶ Körbchen für die Bälle

Ideen für Tabletts und Körbe

Das Kind drückt die Tischtennisbälle durch den Deckel in die Dose. Dadurch entsteht ein lautes „Plopp".

Danach macht es den Deckel auf und holt die Tischtennisbälle wieder raus.

Ein einfaches und schönes Spiel; die Kinder wiederholen es mit Freude und Begeisterung immer und immer wieder.

Erbsenmusik

BILDUNGSMOMENT

Erbsen zu löffeln und in einer Schüssel zu verteilen, erfordert viel Feinmotorik und Auge-Hand-Koordination. Durch das eigene Tun merkt das Kind seine Selbstwirksamkeit. Die Sinneswahrnehmung des Kindes wird durch genaues Hinhören der so entstehenden Töne (hoch, tief, dunkel und hell) geschult. Nicht zuletzt wird hier im Spiel das tägliche Leben geübt. Zum Beispiel macht der häufige Umgang mit dem Löffel das eigenständige Essen viel einfacher und routinierter.

ab 1 Jahr

MATERIAL

- Tablett
- ein Kinder-Tee- oder Esslöffel
- eine Hand voll getrockneter Erbsen
- jeweils eine Schüssel aus beliebigem Material

VARIANTEN

Dieses Tablett kann durch verschiedene Werkzeuge leichter oder schwerer für die Feinmotorik gestaltet werden. Ein Ess- oder Teelöffel kann durch einen Eier- oder einen langstieligen Eislöffel ersetzt werden. Auch eine einfache Pinzette kann dazu gelegt werden, um vielleicht den Klang einer einzelnen fallenden Erbse bewusst wahrzunehmen.

IDEEN FÜR TABLETTS UND KÖRBE ▶ ERBSENMUSIK

◀ Das Kind verteilt mit dem Löffel die Erbsen in die verschiedenen Schüsseln ...

▶ ... und lauscht dabei den so entstehenden Klängen.

◀ Die Freude über das Ergebnis ist unübersehbar.

Steckring

BILDUNGSMOMENT

Durch das Aufstecken der einzelnen Ringe wird bei kleinen Kindern erste Feinmotorik gefordert. Koordination von Auge zu Hand wird trainiert. Durch sein Tun kommt das Kind zu Ruhe und Konzentration. Das außergewöhnliche Material der Schwimmnudel ist ein neuer Sinnesreiz. Die Schwimmnudelstücke rutschen nicht von selbst nach unten. Es erfordert einen gezielten Kraftaufwand durch das Kind, sie nach unten zu drücken.

ab 1 Jahr

MATERIAL

▶ Tablett ▶ Korb für die Schwimmnudelteile ▶ Küchenrollenhalter aus Holz ▶ Schwimmnudel (innen hohl) – in 2 cm breite Stücke geschnitten

VARIANTE

Das Material zum Aufstecken kann durch viele andere Materialien ersetzt werden: Schlüsselringe, Spülschwämme, Haargummis, Schlauchstücke usw. Jede Variante hat ihren eigenen Reiz. Bei geübteren oder älteren Kindern kann statt des Küchenrollenhalters auch ein Kochlöffel angeboten werden, den das Kind in der zweiten Hand hält.

IDEEN FÜR TABLETTS UND KÖRBE ▶ STECKRING

◀ Das Kind steckt die einzelnen Ringe auf den Küchenrollenhalter und schiebt sie nach unten.

▶ Es kann immer wieder erneut üben ...

◀ ... und sich am Ende über sein Ergebnis freuen.

Dosensammlung

BILDUNGSMOMENT

Mit viel Spannung öffnet und schließt das Kind die unterschiedlichen Behältnisse. Mit Feinmotorik, Kraftdosierung und Konzentration wird es immer mehr Dinge alleine öffnen und schließen können. Eine Wortschatzerweiterung ist durch die Hilfe, die sich das Kind anfänglich holt, gegeben. Der Spaß beim eigenen Tun und das immer wieder neue Entdecken von Material und Gerüchen lässt das Spiel nie langweilig werden.

ab 1 Jahr

MATERIAL

▶ Tablett oder Schublade ▶ viele verschiedene Behältnisse mit unterschiedlichen Verschlüssen, z. B. Kaffeedose, leere Cremedose, leerer Deoroller, Pralinenschachtel, Schatzkästchen, Geldbeutel …

VARIANTE

Wenn die Kinder in dieser Arbeit schon geübt sind, kann ein kleiner, versteckter Schatz die Aufgabe noch einmal sehr spannend machen, z. B. Geldbeutel und Geld, Kaffeedose und Kaffeebohne, Pflasterschachtel und Pflaster. – Auch das Verpacken der Behältnisse ineinander macht die Arbeit interessanter.

IDEEN FÜR TABLETTS UND KÖRBE ▶ DOSENSAMMLUNG

◀ Das Kind öffnet und schließt Behältnisse mit unterschiedlichen Schließmechanismen.

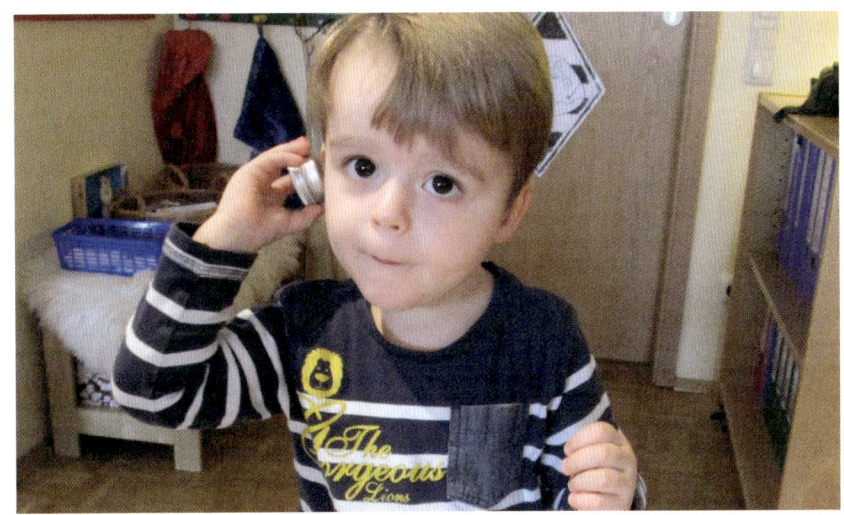

▶ Es untersucht alles genau ...

◀ ... und hat Spaß am eigenen Tun.

Knopfdosen

BILDUNGSMOMENT

Durch die passgenauen Schlitze in der Dose, erfordert es ein hohes Maß an Feinmotorik, den Knopf in die Dose zu stecken. Der Pinzettengriff wird gefördert. Das Kind vergleicht die Farbe des einzelnen Knopfes mit den Dosen. Die Kraftdosierung ist wichtig für das anschließende Öffnen.

Es bieten sich Sprachanlässe über die Farben. Je nach Wahl der Knöpfe (Holz, Kunststoff, Stoff, Metall, Horn), wird die Aufgabe schwieriger oder sorgt für noch mehr sinnvolle Erfahrungen.

ab 1 Jahr

MATERIAL

▶ Tablett ▶ bunte Knöpfe ▶ kleine Schale oder kleiner Korb ▶ kleine Dosen mit weichem Kunststoffdeckel (z. B. Knete oder Joghurt)

VARIANTE

Auch verschieden große Deckel, z. B. von PET- oder Saftflaschen, eignen sich für dieses Spiel. Wenn die Deckel groß genug sind, können unterschiedlich breite und lange Schlitze in die Deckel geritzt werden. So kann nicht nur nach Farben, sondern auch nach Größe sortiert werden.

IDEEN FÜR TABLETTS UND KÖRBE ▶ KNOPFDOSEN

◀ Das Kind steckt jeden Knopf in den Schlitz der farblich passenden Dose.

 Es übt den Pinzettengriff ...

 ... und vergleicht.

Bunte Strohhalme

BILDUNGSMOMENT

Das Kind vergleicht die Farben und ordnet die Strohhalme den farblich richtigen Reagenzgläsern zu. Dabei übt es den Pinzettengriff. Durch Ruhe und Konzentration bekommt es die Ausdauer, seine Tätigkeit zu Ende zu führen. Lange Dinge in lange Gefäße einzuführen, ist für die Allerkleinsten eine echte, feinmotorische Herausforderung.

ab 1 Jahr

MATERIAL

- Tablett
- bunte Strohhalme
- dicke Kunststoff-Reagenzgläser (wenn möglich bunte; ansonsten jedes Reagenzglas mit einem farblich passenden, bunten Papierstreifen umgeben)
- Reagenzglasständer

VARIANTE

Es können verschiedene Strohhalmarten zusammen verwendet werden. Zum Beispiel dicke, dünne, gebogene, kurze, lange oder auch nur mit farblichen Strichen markierte. So wird die Konzentration auf die Farbe zusätzlich gefördert.

IDEEN FÜR TABLETTS UND KÖRBE ▶ BUNTE STROHHALME

◀ Die Strohhalme werden vom Kind farblich passend in die Reagenzgläser gestellt.

▶ Je voller das Reagenzglas wird, desto schwieriger gestaltet sich diese Aufgabe. Die zweite Hand ist nötig, …

◀ … um Platz für einen weiteren Halm zu schaffen.

Wattestäbchenglas

BILDUNGSMOMENT

Diese schöne und anregende Aufgabe ist für die Kleinsten eine gute Übung für die Koordination von Auge und Hand und zur Schulung des Pinzettengriffs. Sie ist zunächst nicht so einfach, denn dass Kind muss genau zielen, um das kleine Loch zu treffen. Doch mit ein wenig Ausdauer und Geschick kann jedes Kind sie schon nach kurzer Zeit selbstständig erfüllen. Das durchsichtige Glas lässt jederzeit einen Blick auf die erfolgreiche Arbeit zu. Ein- und zweijährige Kinder lieben dieses Angebot und vertiefen sich oft lange Zeit in ihr Tun. Vorsichtige Handhabung und gute Krafteinschätzung sind wichtig, sonst knicken die Stäbchen.

ab 1 Jahr

MATERIAL

▶ Tablett ▶ Schale für die Stäbchen ▶ Trinkglas oder Flasche mit Deckel und kleiner Öffnung für einen Strohhalm ▶ ausreichende Anzahl an Wattestäbchen

Ideen für Tabletts und Körbe ▶ Wattestäbchenglas

◀ Die Wattestäbchen werden durch das kleine Loch gesteckt, ...

▶ ... bis alle im Glas sind.

◀ Am Schluss wird das Glas aufgeschraubt und alle Stäbchen zurück in die Schale geschüttet.

Nusspyramide

BILDUNGSMOMENT

Mit einer ruhigen Hand und hoher Konzentration füllt das Kind nach und nach die Käseschachtel. Durch genaues Beobachten der Lage, nach logischer Überlegung und geduldigem Üben schafft es das Kind, alle Nüsse in der Käseschachtel zu stapeln.

ab 3 Jahren

MATERIAL

▶ Tablett ▶ ca. 20 Walnüsse (nur so viele, wie das Kind selbst stapeln kann) ▶ runde Käseschachtel aus Pappe

VARIANTE

Die Wahl des Baumaterials macht die Aufgabe schwieriger oder auch einfacher. Statt Walnüssen kann es auch Würfel oder Murmeln nehmen.

IDEEN FÜR TABLETTS UND KÖRBE ▶ NUSSPYRAMIDE

◀ Das Kind stapelt so viele Nüsse in der Käseschachtel wie möglich.

▶ Dabei probiert es immer wieder aus, …

◀ … welches seine beste Methode zum Stapeln der Nüsse ist.

Geschenkboxen

BILDUNGSMOMENT

Das Kind vergleicht und experimentiert mit Größen sowie Farben und ordnet sie einander zu. Es braucht Feinmotorik und Feingefühl beim Öffnen, Schließen und Stapeln der Schachteln. Oft sind mehrere Versuche notwendig, bis alles ineinander passt. Dann gilt es, Ruhe zu bewahren und mit Ausdauer nach einer Lösung zu suchen. Beim zweiten und dritten Durchlauf entwickelt das Kind schon einen Handlungsplan und sortiert die verschieden großen Boxen bereits vor dem Zusammenbau.

ab 3 Jahren

MATERIAL

▶ Tablett ▶ Geschenkboxenset quadratisch; uni in mehreren Farben, die ineinander passen.

VARIANTE

Es gibt diese Geschenkboxen in verschiedenen Formen: rund, sternförmig, tannenbaumförmig usw. Eine Vielfalt macht das Spiel immer wieder interessant und auch schwieriger.

IDEEN FÜR TABLETTS UND KÖRBE ▶ GESCHENKBOXEN

◀ Das Kind packt die Schachteln auseinander und wieder zusammen. Es nimmt die Deckel ab und setzt sie wieder auf die richtige Schachtel.

▶ Die Schachteln werden der Größe nach sortiert und nebeneinander oder aufeinander gestapelt.

Manchmal stapeln sich auf der einen Seite nur die Boxen und auf der anderen die Deckel. Denken sie daran: Jeder findet seine Lösung.

Erbsenfuß

BILDUNGSMOMENT

Das Kind übt sich feinmotorisch im Umgang mit einer Pinzette. Durch das konzentrierte und ruhige Arbeiten gelingt es ihm, die Erbsen nach und nach auf den Saugnäpfen zu platzieren. Dabei macht das Kind die Erfahrung, dass die Pinzette zwar Gegenstände greifen kann, die eigene Kraft jedoch dosiert werden muss (zu fest oder an der falschen Stelle gedrückt, und die Erbse flutscht weg). Es entwickelt einen Arbeitsplan und folgt der Logik, die das jeweilige Material vorgibt. Es erwirbt die wichtige Erfahrung, durch Überlegen und Probieren eine Lösung zu finden.

ab 3 Jahren

MATERIAL

▶ Tablett ▶ Antirutschpad (Fuß, Fisch oder eine beliebige andere Form) ▶ kleines Schälchen ▶ so viele Erbsen, wie Saugnäpfe vorhanden sind ▶ Pinzette

VARIANTE

Eine leichtere Variante ist es, Bohnen auf die Saugnäpfe zu verteilen, da sie durch ihre runde Form leichter mit der Pinzette zu packen sind und aus den Saugnäpfen nicht so leicht herausrollen.

IDEEN FÜR TABLETTS UND KÖRBE ▶ ERBSENFUSS

◀ Das Kind greift mit der Pinzette die einzelnen Erbsen, ...

▶ ... platziert diese auf den Saugnäpfen, ...

◀ ... bis der Fuß voll ist.

Miniaturbilder

BILDUNGSMOMENT

Mit Ruhe und Konzentration, schaut sich das Kind das Miniaturbild mit der Lupe genau an. Es erkennt das Foto und kann es so dem originalen, großen Foto zuordnen. Dabei lernt es spielerisch, Sinn und Zweck sowie auch den richtigen Umgang mit einer Lupe kennen.
Anders als bei einer Brille, muss die Lupe an das Bild und nicht an das Auge gehalten werden, um den richtigen Abstand zu finden.

ab 3 Jahren

MATERIAL

▶ Tablett ▶ Lupe ▶ ca. 10 Fotos in Originalgröße ▶ ebenso viele Miniaturbilder (Verkleinerungen der Originalfotos)

VARIANTEN

Zu jedem Thema können passende Fotos gesucht oder selbstständig gemacht werden, z. B. Herbstblätter in verschiedenen Farben oder Ostereier mit verschiedenen Mustern usw.

Ideen für Tabletts und Körbe ▶ Miniaturbilder

◀ Das Kind schaut sich mit der Lupe die Miniaturbilder an, ...

▶ ... um sie zu erkennen ...

◀ ... und sie dem passenden, großen Bild zuzuordnen.

Knopfschlange

BILDUNGSMOMENT

Hier ist die Feinmotorik in hohem Maße gefordert. Mit Ruhe, Konzentration und logischem Denken wächst die Knopfschlange, bis auch das letzte Körperteil angeknöpft ist. Ganz nebenbei wird durch diese Übung die nächste Jacke (mit Knöpfen) zum Erfolgserlebnis.

ab 3 Jahren

MATERIAL

▶ Tablett ▶ dicke grüne Filzplatte (Setdeckchen) ▶ roter Filz ▶ große Holzknöpfe ▶ 2 kleinere Knöpfe für die Augen ▶ grünes Nähgarn ▶ Nadel ▶ Schere

VARIANTE

Ihrer Fantasie sind keine Grenzen gesetzt. Sie können auch einen Marienkäfer gestalten, dem die sechs Beinchen angeknöpft werden sollen. Für Jungen sind es vielleicht drei Autos, die neue Reifen bekommen usw.

Ideen für Tabletts und Körbe ▶ Knopfschlange

◀ Das Kind knöpft die einzelnen Teile in der richtigen Reihenfolge zusammen.

▶ So entsteht eine Schlange.

BASTELANLEITUNG:

Schneiden sie aus der Filzplatte einen Schlangenkopf, ein Schwanz und einige Körperteile. Kleben sie eine rote Filzzunge an den Kopf und nähen sie zwei kleine Knöpfe als Augen an. Am hinteren Teil des Kopfes wird der erste große Knopf angenäht. An jedes Körperteil kommt an einer Seite ein großer Knopf und auf der anderen Seite ein Einschnitt als Knopfloch.

Bitte beim Einschneiden darauf achten, dass das Knopfloch nicht zu nah am Rand ist, damit es nicht einreißt. Am Schwanz wird noch ein letztes Knopfloch geschnitten und fertig ist die „Knopfschlange".

Pomponteller

BILDUNGSMOMENT

Die Feinmotorik und der Pinzettengriff sowie das Erkennen und Zuordnen von Farben stehen bei dieser Aufgabe im Vordergrund. Mit Geschicklichkeit, Konzentration und Ausdauer wird das Kind die Aufgabe meistern. Es wird sicherlich stolz auf sich sein, ein neues Werkzeug des täglichen Lebens beherrschen zu können und diese Fähigkeit in Zukunft – z. B. beim Kaffeekränzchen mit Oma – zeigen zu können.

ab 3 Jahren

MATERIAL

▶ Dip-Teller ▶ Becher oder Schale ▶ bunte Pompons ▶ Zuckerzange ▶ bunte Pappreste, um die einzelnen Fächer zu markieren

VARIANTE

Es können auch andere Werkzeuge zum Verteilen der Pompons angeboten werden. Mit einer Pinzette, einer Schneckenzange oder einem Eiswürfel-Greifer wird es noch mal etwas kniffeliger, die Pompons zu verteilen.

Ideen für Tabletts und Körbe ▶ Pomponteller

◀ Das Kind verteilt die Pompons mit der Zuckerzange ...

▶ ... in den farblich passenden Teil des Tellers ...

◀ ... und mit einem tollen Ergebnis.

Wörter legen

BILDUNGSMOMENT

Schon mit drei Jahren können Kinder Wörter erkennen und benennen, wenn sie diese immer wieder in Verbindung mit Bildern sehen. Durch Anschauen der Bilder und der Schriftzeichen erkennen die Kinder den Zusammenhang zwischen Schrift und Bild. Durch Suchen und Wiederholen prägen sich diese schnell ein und werden verinnerlicht. Die Kinder „puzzeln" die Wörter und sind stolz, dass sie schon „schreiben" und „lesen" können. So machen sie grundlegende Erfahrungen für die Bildung von Sprache und deren Wichtigkeit.

ab 3 Jahren

MATERIAL

▶ Tablett ▶ 5 – 10 laminierte Fotos von Dingen aus dem Kindergarten mit Großbuchstabenbeschriftung ▶ Alphabet aus Holzbuchstaben (Großbuchstaben) (jeder Buchstabe wird drei- bis viermal in Fächern sortiert)

VARIANTE

Sie können das Interesse der Kinder erhöhen, wenn sie Wörter aus der aktuellen Lebenswelt „fotografieren", z. B. Osterwörter, Frühlingswörter, Märchenwörter, Herbstwörter, Familienwörter, Zoowörter, Bilderbuchwörter, usw.

IDEEN FÜR TABLETTS UND KÖRBE ▶ WÖRTER LEGEN

◀ Das Kind betrachtet das Material.

▶ Es erkennt, dass es die Namen für die Dinge auf den Fotos selbst nachlegen, schreiben kann.

◀ Es sucht die Buchstaben aus den Fächern und legt das Wort nach.

Zahlen-spinnennetz

BILDUNGSMOMENT

Durch die Plastikspinnen hat dieses Angebot einen hohen Aufforderungscharakter für das Kind und bringt ihm viel Spaß. Es sieht die Zahl und kann durch Abzählen der gemalten Spinnen den Namen der Zahl erlernen und verinnerlichen, Zahlenbilder erkennen und zuordnen. Die visuelle Wahrnehmung wird gefördert. Konzentration und Ausdauer sind nötig, um einigen Spinnen zu einem Zuhause zu verhelfen.

ab 3 Jahren

MATERIAL

- Tablett
- Din-A4-Blätter
- schwarzer Stift
- Laminiergerät und Folien
- ca. 60 Plastikspinnen
- Dose zur Aufbewahrung der Spinnen

VARIANTE

Natürlich lässt sich dieses Angebot auch mit allen anderen Materialien anbieten. So können Blumen im Garten verteilt werden, bunte Blätter an Herbstbäumen oder auch Kugeln am Weihnachtsbaum.

IDEEN FÜR TABLETTS UND KÖRBE ▶ ZAHLENSPINNENNETZ

◀ Das Kind verteilt die richtige Anzahl an Spinnen ...

▶ ... auf dem jeweiligen Spinnennetz.

BASTELANLEITUNG:

Malen Sie auf jedes Blatt ein Spinnennetz. In eine Ecke schreiben sie nun die gewünschte Zahl, in eine weitere malen sie so viele Spinnen, wie diese Zahl angibt. So kann das Kind nachzählen und sich die Menge merken.

Jetzt noch laminieren, und schon kann es losgehen.

Mathemuffins

BILDUNGSMOMENT

Dieses Angebot hat durch seine Materialien einen hohen Aufforderungscharakter und bringt dem Kind viel Freude während seines Tuns. Es zeigt ihm Mengen mit passendem Zahlenbild, die ihm helfen, das Zahlenbild zu erkennen. Konzentration und Ausdauer werden gefördert.

ab 3 Jahren

MATERIAL

▶ Tablett ▶ 3 Moosgummiplatten in Braun, Weiß und Rot ▶ Schere ▶ Kleber ▶ bunte Fädelperlen ▶ Bleistift ▶ schwarzer Stift ▶ kleines Schälchen

VARIANTE

Ob Monstern Kulleraugen oder Fliegenpilzen weiße Punkte gegeben werden, bleibt ganz Ihrer Kreativität und/oder der der Kinder überlassen.

Ideen für Tabletts und Körbe ▶ Mathemuffins

◀ Das Kind legt in jeden Kreis eine Fädelperle als Streusel ...

▶ ... und erfährt so die Menge zu dem Zahlenbild.

BASTELANLEITUNG:

Malen Sie auf der braunen Moosgummiplatte einen kompletten Muffin und schneiden Sie diesen aus. Aus der weißen Platte schneiden Sie die Sahne aus und kleben sie auf den oberen Teil des Muffins. Nun wird noch ein kleiner Kreis aus dem roten Moosgummi aufgeklebt. Das ist die Kirsche. Fertig ist der erste Muffin. Schreiben Sie auf die Kirsche mit dem schwarzen Stift die entsprechende Zahl und malen mit dem Bleistift die entsprechende Anzahl an Streuseln auf.

Perlenkettenflasche

BILDUNGSMOMENT

Das Kind beobachtet durch die transparente Flasche, wie der Inhalt durch sein Tun mal mehr, mal weniger wird. Es sieht seine Selbstwirkung auf Dinge. Die Kraftdosierung wird angepasst, damit die Kette nicht im Loch hängen bleibt. Nun soll die Kette zurück in die Flasche. Dazu ist Vorsicht und Sensibilität notwendig. Das Material, die Perlenkette, ist ein interessanter Sinnesreiz.

ab 1 Jahr

MATERIAL

- gereinigte, kleine Plastikflasche
- ca. 40 cm langes Stück von einer Weihnachtsperlenkette
- außerdem einen handwerklich geschickten Menschen, der ein passendes Loch in den Flaschendeckel bohrt und glattfeilt.

Vorsicht! Bitte denken Sie daran, dass diese Flasche nicht wie alle anderen zugeklebt wird. Manchmal fällt die Kette in die Flasche.

IDEEN FÜR FLASCHEN ▶ PERLENKETTENFLASCHE

◀ Das Kind zieht die Kette aus der Flasche heraus ...

▶ ... und lauscht dabei dem Geräusch.

◀ Danach steckt es sie wieder in die Flasche.

Schwebende Perlen

BILDUNGSMOMENT

Durch das Beobachten der Perlen in der Flasche kehrt innere Ruhe beim Kind ein. Es entspannt sich. Durch wiederholtes Tun wird es feststellen, wie unterschiedlich die Perlen in der Flüssigkeit umeinander tanzen. Sie bewegen sich in die Richtung, die das Kind mit seiner Bewegung vorgibt. Erste Naturgesetze (Schwerkraft) werden sinnlich erfahren, denn die Perlen sinken immer wieder zu Boden, egal ob die Flasche liegt oder steht.

ab 1 Jahr

MATERIAL

- Babyflaschenhalter, Teekästchen oder Körbchen
- eine kleine, klare PET-Flasche
- bunte, kleine Plastikperlen
- buntes Isolierband zum Verkleben des Flaschenverschlusses
- Zucker (3 – 4 Esslöffel bei 0,5 l)
- warmes Wasser, damit sich der Zucker schneller auflöst

VARIANTEN

Experimentieren Sie auch mit anderen wasserfesten Materialien, z. B. mit Pailletten, Miniperlen, Plastikknöpfen, Strohhalmstücken, Luftballonschnipsel usw. Welches Material schwebt am schönsten durch die Flasche?

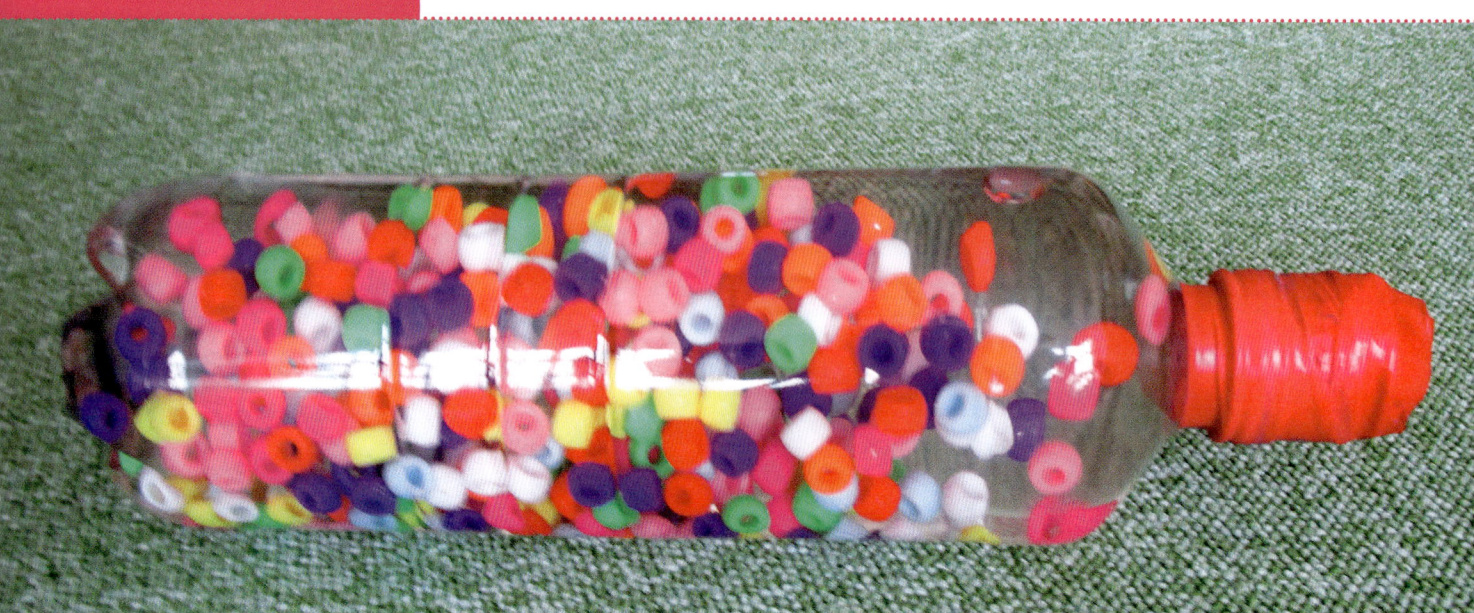

IDEEN FÜR FLASCHEN ▶ SCHWEBENDE PERLEN

◀ Das Kind rollt oder dreht, schlenkert oder schüttelt die Flasche.

▶ Es ist neugierig und beobachtet den seltsamen Inhalt.

◀ Die Perlen scheinen zu schweben und bewegen sich träge.

Gelperlenflasche

BILDUNGSMOMENT

Gegen das Licht gehalten, schimmern die Gelperlen in vielen bunten Farben. Beim Bewegen und Beobachten der Flasche fällt dem Kind auf, dass die Gelperlen für einen Moment an der Flasche zu kleben scheinen. Sie bewegen sich in einer Masse in der Flasche hin und her. Dadurch verlagert sich das Gewicht in der Flasche und die Kinder lernen, die Balance zu halten. Es entstehen dumpfe „Platschgeräusche". Das Kind kann viele Sinneseindrücke mit Ruhe und Konzentration in sich aufnehmen.

ab 1 Jahr

MATERIAL

▶ Babyflaschenhalter, Teekästchen oder Körbchen ▶ kleine, klare PET-Flasche ▶ bunte, vollgesogene Gelperlen ▶ buntes Isolierband zum Verkleben des Flaschenverschlusses

VARIANTEN

Sie könnten sehr interessierten Kindern mehrere Flaschen mit Gelperlen anbieten. Entweder jede mit andersfarbigen Gelperlen oder drei Flaschen die unterschiedlich vielen Gelperlen beinhalten. Bei der letzten Variante differiert das Gewicht und der Klang.

IDEEN FÜR FLASCHEN ▶ GELPERLENFLASCHE

◀ Das Kind rollt oder dreht, schlenkert oder schüttelt die Flasche.

▶ Es ist neugierig und beobachtet den seltsamen Inhalt.

◀ Es entdeckt, dass die Gelperlen für einen Moment an der Flaschenwand zu kleben scheinen und ein gedämpftes Geräusch erzeugen.

Detektivflasche

BILDUNGSMOMENT

Hier ist Fingerspitzengefühl gefragt. Manche Schätze lassen sich nur durch vorsichtiges Hantieren finden. Gerade die allerkleinsten Gegenstände verschwinden wieder, sobald die Flasche minimal bewegt wird. Entdeckungen werden oft wortreich geschildert. Ein idealer Sprechanlass auch und gerade für die Allerkleinsten. Dieses Entdeckungsspiel führt zu fantasievollen und konzentrierten Aktionen.

ab 3 Jahren

MATERIAL

- Babyflaschenhalter, Teekästchen oder Körbchen
- kleine, klare PET-Flasche
- feiner Quarzsand
- verschiedene, sehr kleine Spielzeuge (Spinnen, Playmobil-Fisch, Ü-Ei-Figuren)
- Isolierband zum Verkleben des Schraubverschlusses

VARIANTE

Diese Flaschen lassen sich zu jedem Projektthema oder zu jeder Jahreszeit passend füllen. Eine „Winterflasche" zum Beispiel wird mit Salz und ein wenig Glitzer gefüllt sowie mit kleinen Spielzeugen wie Nikolaus, Schneemann, Sternchen usw.

IDEEN FÜR FLASCHEN ▶ DETEKTIVFLASCHE

◀ Das Kind schüttelt, dreht und wendet die Flasche auf der Suche nach dem Inhalt.

▶ Es ermittelt den versteckten Schatz ...

◀ ... und benennt ihn freudestrahlend.

Magnetflasche

BILDUNGSMOMENT

Das Kind bekommt durch das neue Material (Magnet) viele Sinneseindrücke. Es entdeckt einen Zusammenhang zwischen dem bewegten Magnetstab und den sich in der Flasche bewegenden Pfeifenputzer. Es wird sich in dieses Spiel vertiefen und zu einer inneren Ruhe finden. Mit Konzentration und Feinmotorik wird es versuchen, die Pfeifenputzer gezielt in eine Ecke zu bewegen oder schweben zu lassen.

ab 3 Jahren

MATERIAL

- Babyflaschenhalter, Teekästchen oder Körbchen
- gereinigte PET-Flasche
- kleingeschnittene Pfeifenputzer
- farblich passende Muggelsteine aus Kunststoff, damit der Entdeckereffekt größer ist.
- ein Stabmagnet

VARIANTEN

Wenn ausschließlich magnetisches Material in eine Flasche gefüllt wird, verstehen kleinere Kinder leichter, dass sie es sind, die das Material mit dem Magneten bewegen. – Wurde das System verstanden, können auch Flaschen mit nicht magnetischem Material dazugelegt werden, und das Kind kann nach magnetisch und nicht magnetisch sortieren.

IDEEN FÜR FLASCHEN ▶ MAGNETFLASCHE

◀ Das Kind führt den Magnetstab an der Flasche entlang ...

▶ ... und entdeckt dabei wie die Pfeifenputzer in der Flasche mitwandern.

So werden die Muggelsteine erst richtig sichtbar.

Ballangeln

BILDUNGSMOMENT

Durch das Element *Wasser* können weitere Sinneseindrücke gemacht werden. Mit Ruhe, Konzentration und feinmotorischen Kompetenzen fischt das Kind nach den Bällen. Ganz nebenbei erlernt es die Handhabung eines langstieligen Nudellöffels. Der Spaß am eigenen Tun steht im Vordergrund, und oft ist es ausdauernd in seine Arbeit vertieft.

ab 1 Jahr

MATERIAL

▸ 2 größere Schüsseln/Wannen ▸ Tischtennisbälle ▸ Nudel- oder Eierllöffel ▸ Würstchenzange (für die schwierigere Variante)

VARIANTE

Schwieriger wird das Angeln mit einer Würstchenzange oder einem Kochlöffel ohne Loch. Bitte probieren Sie es selbst, bevor das Tablett zu schwierig für eine Altersstufe wird.

Hinweis: Wasser verführt zum Plantschen. Bewährt haben sich Schüsseln in einer Wanne oder direkt im Wasserbecken im Waschraum. Auch mit einem wasserabweisenden Kittel ist das Kind gut gerüstet. Erneuern Sie das Wasser täglich.

IDEEN FÜR WANNEN UND SCHALEN ▶ BALLANGELN

◀ Das Kind angelt mit dem Nudellöffel nach den Tischtennisbällen ...

▶ ... und legt sie in eine Schüssel.

◀ Danach dürfen die Bälle wieder ins Wasser geworfen werden. Der Spaß beginnt von Neuem.

Bommelschale

BILDUNGSMOMENT

Mit diesem Spiel findet eine Förderung der taktilen Wahrnehmung statt. Durch das Wühlen der Hände in der Bommelschale, stellt das Kind die unterschiedliche Materialbeschaffenheit fest. Die Bommel sind weich, flauschig und können gepresst werden, während Steine hart, fest und kälter sind. Mit Ruhe und Konzentration richtet das Kind seine Aufmerksamkeit auf sein Tun. Die Auge-Hand-Koordination wird beim Zugreifen geschult. Bei dem Herausfischen der Steine wird der Pinzettengriff gefördert. Teilt das Kind darüber hinaus seine Entdeckungen mit, lernt es durch Begreifen neue Adjektive kennen: hart, kalt, weich, flauschig, nachgebend, fest …

ab 1 Jahr

MATERIAL

▶ Schale ▶ viele Bommel ▶ 2–3 große, glatte Steine

VARIANTE

Für größere Kinder können verschieden feste Teile in der Bommelschale versteckt werden, die sie erfühlen und benennen können, z. B. Holzperlen, Metallkugeln, Murmeln usw.

IDEEN FÜR WANNEN UND SCHALEN ▶ BOMMELSCHALE

◀ Das Kind wühlt nach Herzenslust in der Bommelschale herum.

▶ Dabei stößt es z. B. auf Steine, die sich ganz anders anfühlen als die Bommel.

◀ Es lernt, die Unterschiede dieser zwei Materialien zu erfühlen, zu erkennen und zu benennen.

Maiswanne

BILDUNGSMOMENT

Beim Experimentieren an der Maiswanne werden verschiedene Sinne angeregt. Mais ist hart, warm, eckig, aber abgerundet. Mais rieselt. Mais ist leicht, aber viele Maiskörner sind schwer. Mais klimpert wenn man ihn in einen Topf rieseln lässt. In der Maiswanne zu sitzen, ist angenehm. Auf ein Maiskorn zu treten, schmerzt. – Das Kind lernt, seine Kraft einzuschätzen und einzusetzen. Es probiert und lernt, Mengen abzuwägen. Das Füllen der Tüten schult die Feinmotorik. Die Koordination zwischen Hand, Auge und Krafteinsatz wird trainiert.

ab 1 Jahr

MATERIAL

- ca. 20 – 30 cm hohe und 30 x 40 cm große, durchsichtige Wanne
- unbehandelter, gut getrockneter Futtermais
- Metall- oder Kunststoffschaufeln in verschiedenen Größen
- einfache Schüttgefäße aus Kunststoff
- *Hinweis:* Wählen Sie maximal vier verschiedene Gegenstände.

VARIANTE

Rieseln und Schütten in Schalen, Tüten und andere kleine und große Behälter ermöglichen verschiedene Erfahrungen mit unterschiedlichen Schwierigkeitsgraden.

Ideen für Wannen und Schalen ▶ Maiswanne

◀ Das Kind schüttet und gießt den Mais, füllt ihn ab und lässt ihn Geräusche machen.

▶ Es wühlt mit Begeisterung im Mais herum, und manchmal setzt es sich sogar ganz hinein.

◀ Kleine Entdecker untersuchen den Mais ganz genau.

Grießbecken & Sandrad

BILDUNGSMOMENT

Mit Ruhe und Konzentration macht das Kind erste Erfahrungen mit dem Naturgesetz der Schwerkraft, aber auch mit der Funktionalität eines Trichters. Beliebig oft kann es diese Handlung wiederholen und feststellen, dass etwa durch Zuhalten des Trichters der Grießstrahl so lange stoppt, bis das Kind den Finger wieder wegnimmt. So erlebt es seine Selbstwirksamkeit im eigenen Tun. Durch das Material „Grieß" erlebt das Kind eine weitere Sinneserfahrung.

ab 1 Jahr

MATERIAL

▶ ca. 20–30 cm hohe und 30 x 40 cm große, durchsichtige Wanne ▶ Maisgries (staubt nicht und fließt wie feinster Sand) ▶ großes Sandspielrad ▶ Becher oder Schaufel zum Schütten

VARIANTE

Statt eines Sandrades können Sie verschieden große, transparente Messbecher, Flaschen oder Dosen anbieten. Für die Kinder ist es immer wieder interessant, diese zu befüllen, Mengen zu vergleichen und das Material hin und her zu schütten. Rauminhalte werden wahrgenommen und abgeschätzt.

IDEEN FÜR WANNEN UND SCHALEN ▶ GRIESSBECKEN & SANDRAD

◀

Das Kind schüttet mit dem Becher oder der Schaufel den Grieß in das Sandrad ...

▶

... und beobachtet, wie er durch den Trichter läuft und dabei das Sandrad bewegt.

◀

Wenn zu viel eingefüllt wurde, muss das Kind schon mal „nachschieben".

Lichtbox

BILDUNGSMOMENT

Das Spielen und Experimentieren mit Plastikeiswürfeln bringt das Kind zu Ruhe und Konzentration. Neugierig wird es erkunden, wie die einzelnen Würfel durch den beleuchteten Hintergrund wirken. Seine Kreativität wird angeregt, denn durch die bunten Würfel entstehen wunderschöne Muster. Auch das dreidimensionale Denken wird beim Bauen der Türmchen angeregt. Es gewinnt neue Sinneseindrücke durch dieses ungewöhnliche Material.

ab 1 Jahr

MATERIAL

- semitransparente, flache, glatte PVC-Box mit Deckel
- 2–4 flache LED Taschenlampen, die mit Klebeknete am Boden der Box fixiert werden
- lichtdurchscheinende Plastikeiswürfel in verschiedenen Farben

VARIANTE

Das angebotene Material kann beliebig ausgetauscht werden, z. B. durch transparente Wäscheklammern, Negative oder Dias, Muggelsteine aus Glas usw. – Mit geometrischen Formen aus schwarzem Moosgummi lassen sich kontrastreiche Figuren legen. In einem abgedunkelten Raum kommt die Lichtbox besonders gut zur Geltung.

IDEEN FÜR WANNEN UND SCHALEN ▶ LICHTBOX

◀ Das Kind experimentiert mit transparenten Plastikeiswürfeln auf einer beleuchteten Box.

▶ Auch an durchsichtigen Wäscheklammern ...

◀ ... und an dem Betrachten der Motive auf Negativen haben Kinder Spaß.

Wasser- und Luftexperimente

BILDUNGSMOMENT

Wasser- und Luftspiele sind für Kinder immer eine spannende Sache. Durch wiederholtes Ausprobieren werden dem Kind die physikalischen Zusammenhänge von Luft und Wasser klar: Wo Luft ist, kann kein Wasser sein, und wo Wasser rauskommt, muss wieder Luft hinein.

Auch die Erfahrung, dass Wasser immer in der Waage ist (Wasserschlauch), wird durch das Spiel begreifbar. Das Kind macht die Erfahrung, dass Neugier und der Mut, etwas auszuprobieren, *Wissen schafft*.

ab 3 Jahren

MATERIAL

▶ ca. 20–30 cm hohe und 30 x 40 cm große, durchsichtige Wanne ▶ 1 Aquariumschlauch ▶ Pipette aus Kunststoff ▶ 2 Einmalspritzen ▶ 2 kleine Messbecher mit und ohne Griff ▶ 1 Sicherheitsspritzflasche ▶ handwarmes Wasser (Füllhöhe in der Wanne: 10 cm) ▶ 1 wasserabweisender Kittel

VARIANTE

Eine Wasserwanne bietet viele Möglichkeiten für Experimente. Auch das Experiment „Verdrängung" ist sehr wertvoll: Ein durchsichtiges Kunststoffglas wird senkrecht ins Wasser gedrückt, sodass kein Wasser ins Glas fließt.

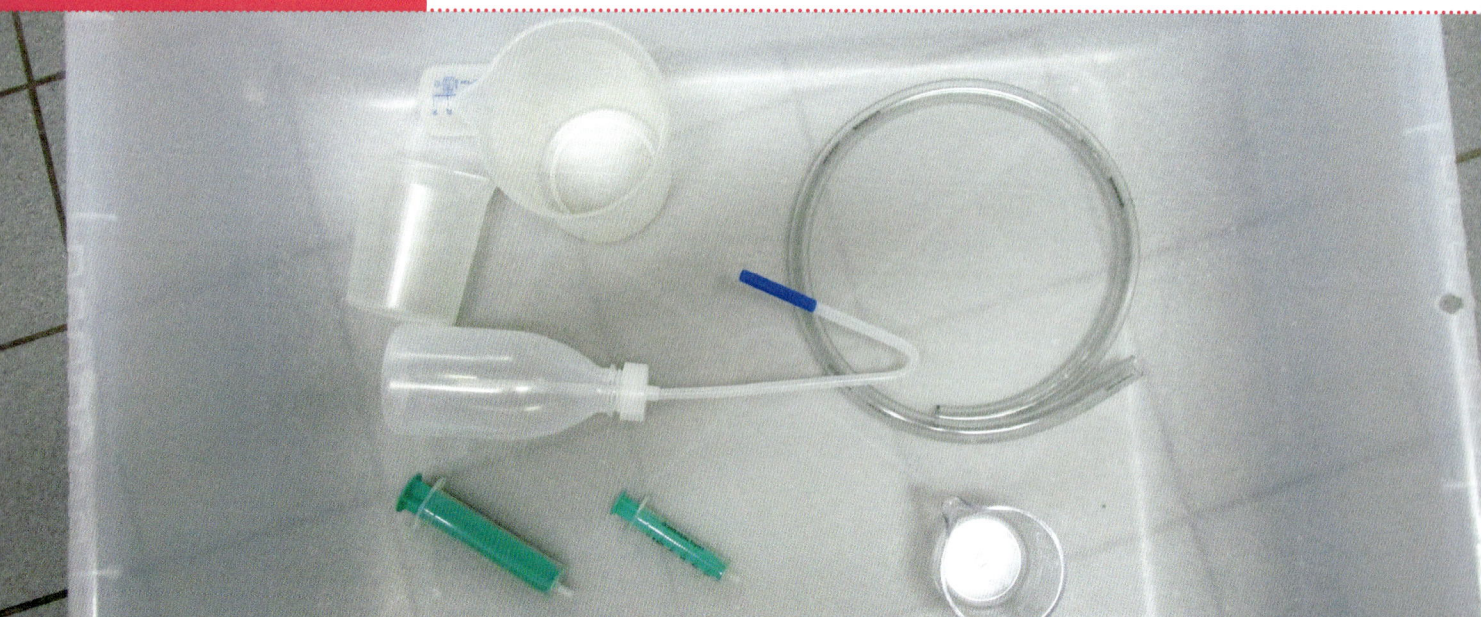

IDEEN FÜR WANNEN UND SCHALEN ▶ WASSER- UND LUFTEXPERIMENTE

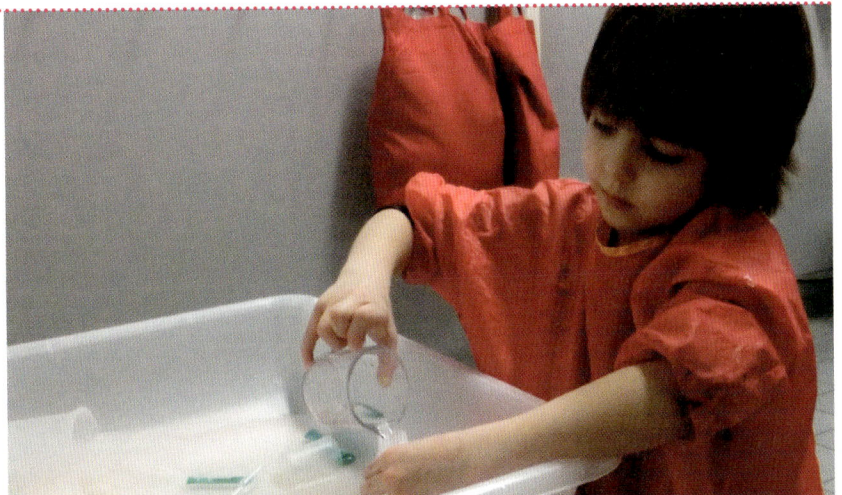

◀ Das Kind kann alle Materialien mit und im Wasser ausprobieren.

▶ Es kann Wasser aufsaugen, spritzen, leiten, schütten, verdrängen, blubbern und fließen lassen.

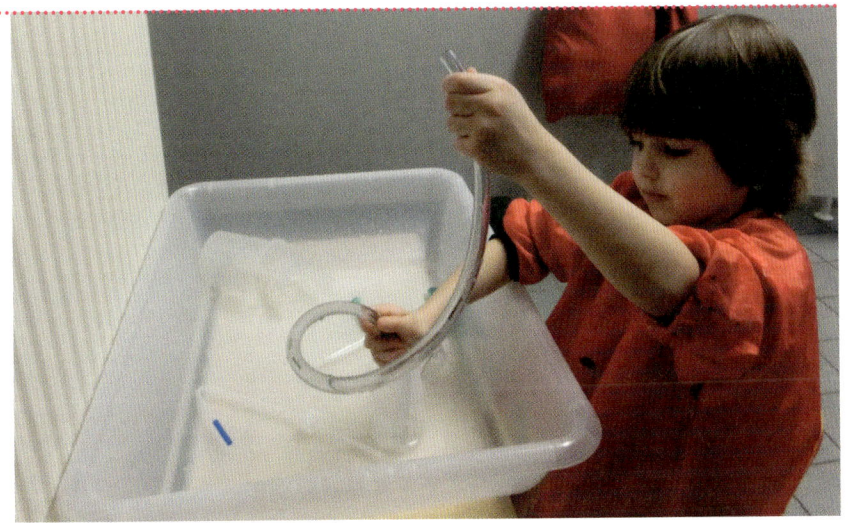

◀ Es experimentiert mit Wasser und Luft.

Magnet-schatzsuche

BILDUNGSMOMENT

Mit Spaß und Konzentration erlebt das Kind beim Durchwühlen der Kirschkerne die Gesetze des Magnetismus. Die Neugierde des Kindes wird geweckt. Beim „Rühren" mit dem Stabmagnet, wird dieser schwerer, da immer mehr Gegenstände anhaften. Es spürt die Kraft des Magneten beim Ablösen der Schätze. Das Kind stellt fest, dass dieses Naturgesetz sich nicht verändert, und dass z. B. Kirschkerne, nicht magnetisch sind.

ab 3 Jahren

MATERIAL

▶ ca. 20–30 cm hohe und 30 x 40 cm große, durchsichtige Wanne ▶ Kirschkerne ▶ ein Magnetstab oder ein großer handlicher Magnet ▶ unterschiedliche magnetische Gegenstände, die unter den Kirschkernen versteckt werden können

VARIANTE

Statt Kirschkernen können Sie auch Sonnenblumenkerne, Linsen oder Papierschnipsel als Füllmaterial verwenden. Ein Foto in der Schatzkiste mit den zu findenden Gegenständen kann dem Kind helfen, sein Suchen und Tun zu kontrollieren. Dies ist dann besonders interessant, wenn Sie zusätzlich nichtmagnetische Schätze verstecken.

IDEEN FÜR WANNEN UND SCHALEN ▶ MAGNETSCHATZSUCHE

◀ Das Kind wühlt mit dem Magnet in den Kirschkernen ...

▶ ... und findet nach und nach die Schätze, ...

◀ ... welche es in die Schatztruhe legen kann.

Erstes Schneiden

BILDUNGSMOMENT

Zweijährige Kinder können mit diesem Tablett den Umgang mit der Schere bzw. der Lernschere selbstständig und im eigenen Tempo üben. Beim Schneiden übt das Kind seine Auge-Hand-Koordination und seine Feinmotorik. Die Kleineren oder feinmotorisch ungeübteren Kinder haben durch die leichte Aufgabe schnell Erfolgserlebnisse. Dadurch entwickeln sie Spaß am eigenen Tun und sind stolz auf ihre Schnipsel-Tüte.

ab 1 Jahr

MATERIAL

▶ Tablett mit niedrigem Rand ▶ kleine Schere oder Therapieschere (keine Grifflöcher, öffnet selbstständig) ▶ Butterbrottüten aus Papier ▶ schmale bunte Pappstreifen, auf die mit dickem Filzstift waagerecht Streifen aufgemalt werden

VARIANTE

Die Pappstreifen können in Stärke und Breite variieren. Wellenlinien oder Zackenmuster machen diese Aufgabe auch für ältere Kinder immer wieder interessant. Eine neue Herausforderung kann auch eine Wellenschere sein.

Ideen für Kreativtabletts ▶ Erstes Schneiden

◀ **Das Kind schneidet entlang der Linie viele bunte Papierschnipsel ab.**

▶ **Mit einer herkömmlichen, kleinen Schere benötigt das Kind schon eine etwas geübtere Feinmotorik.**

◀ **Die Schnipsel packt es in seine Butterbrottüte, um sein Ergebnis allen zu zeigen.**

Deckchen stempeln

BILDUNGSMOMENT

Das Kind kann selbstständig etwas Schönes herstellen. Sein Selbstbewusstsein und Stolz wächst, seine Kreativität wird gefördert. Die Feinmotorik wird beim Öffnen und Schließen der Stempeldeckel geschult, denn die Technik des Stempelns erfordert besonderes Geschick.

Ein bestimmtes Maß an Druck (Kraftdosierung) muss ausgeübt werden, und der Stempel darf nicht verrutschen.

ab 1 Jahr

MATERIAL

- Kunststofftablett
- verschiedene Stempel
- kleine Tortenspitzen
- *Hinweis:* Es hat sich bewährt, die Stempel mit integriertem Stempelkissen im Deckel zu benutzen. Das ist für kleinere Kinder leichter in der Handhabung.

VARIANTE

Etwas größeren Kindern können Sie auch ein einfarbiges Stempelkissen mit Konturstempeln anbieten. Das Motiv kann dann nach Belieben bunt ausgemalt werden. Und die „ganz Großen" können mit Buchstabenstempeln ihren eigenen Namen drucken.

Ideen für Kreativtabletts ▸ Deckchen stempeln

◂ Das Kind lernt den Umgang mit Stempeln.

▸ Es gestaltet selbstständig ein kleines Deckchen.

◂ Den „richtigen" Stempel zu finden und gleichzeitig Ordnung zu halten, ist gar nicht so einfach.

Stickerkarten

BILDUNGSMOMENT

Stolz und Selbstbewusstsein werden beim kreativen Gestalten einer persönlichen Karte gestärkt. Diese Arbeit ist für kleinere Kinder eine große Herausforderung. Alle lieben Sticker, aber sie von der Trägerfolie zu lösen, ist für kleine Finger wirklich schwer. Sie dann auch noch zu wenden und auf der Pappe zu platzieren, erfordert viel Ausdauer und feinmotorische Kompetenzen.

ab 1 Jahr

MATERIAL

▶ Tablett aus Kunststoff ▶ einfarbige DIN-A6-Pappkärtchen ▶ unterschiedliche, kleine Sticker (ggf. nach Projektthema oder Jahreszeit)

VARIANTE

Für größere Kinder können Klebefolienreste dazugelegt werden. Mit einem Bleistift und einer Schere können sie eigene und persönliche Sticker gestalten, z. B. viele kleine Ostereier oder Herzchen. Mit Stickern in geometrischen Formen können die Kinder aber auch logische Reihen kleben.

IDEEN FÜR KREATIVTABLETTS ▶ STICKERKARTEN

◀ Zunächst lösen die Kinder die Folie.

▶ Die Sticker werden vom Kind auf die Pappkarte geklebt. So entsteht eine nette Grußkarte.

◀ Schreiben Sie doch für das Kind einige nette Worte auf die Rückseite. Damit wird sie ein noch wertvolleres Geschenk.

Wattestäbchen-malerei

BILDUNGSMOMENT

Mit diesem Tablett wird Kreativität zum wissenschaftlichen Experiment. Die Kinder nehmen ihre Arbeit ernst und hantieren vorsichtig. Außerdem ist das Risiko, dass Wasser verschüttet wird, gering. Auch Missmut, wenn z. B. Farben wegen zu viel Wasseraufnahme verlaufen, kommt nicht auf. Das Reinigen von Pinseln entfällt. Die Kinder arbeiten schon nach kurzer Anleitung selbstständig.

ab 1 Jahr

MATERIAL

▶ Kunststofftablett ▶ Wattestäbchen ▶ dünne Pappe (kleines einfaches Ausmalbild) ▶ Wasserfarben ▶ Pipettenflasche mit Wasser ▶ Papierhandtuch oder Küchenrolle

VARIANTE

Dieses Kreativtablett lässt sich x-fach variieren. Zu Karneval etwa gibt es kleine Clowngesichter, die zu Orden werden. Weihnachten kommen bunte Kugeln an den grünen Tannenbaum. Im Herbst „punkten" wir die letzten bunten Blätter an den Baum. Im Winter schneit es über dem weiß gepunkteten Schneemann.

IDEEN FÜR KREATIVTABLETTS ▶ WATTESTÄBCHENMALEREI

Diese überschaubare Aufgabe mögen besonders die eher „malscheuen" Kinder.

Die speziellen Materialien (Pipettenflasche und Wattestäbchen) üben einen besonderen Reiz aus.

Das Kind wählt ein kleines Ausmalbild.

Es feuchtet die gewünschte Wasserfarbe mit der Pipette an.

Nun tränkt es das Wattestäbchen in die Farbe und tupft das Bild aus.

Für jede weitere Farbe wiederholt es diesen Vorgang mit einem neuen Wattestäbchen.

Nadelkissen

BILDUNGSMOMENT

Um die Pailletten am Nadelkissen zu befestigen, braucht das Kind viel Ruhe und Konzentration. Die Stecknadel durch die Paillette zu stechen, fordert und fördert die Feinmotorik. Auch der Stolz des Kindes wächst, da es das Vertrauen der Erzieherin bekommt, mit Stecknadeln verantwortungsvoll umgehen zu dürfen. Auf diese Weise werden verschiedenste Muster und Figuren kreativ gestaltet. Diese zeitaufwendige Aufgabe benötigt und fördert Geduld und Ausdauer.

ab 3 Jahren

MATERIAL

▶ Stuhlkissen mit Schaumstofffüllung, flach und glatt ▶ kurze Stecknadeln ▶ verschiedenfarbige Pailletten ▶ *Vorsicht!* Dieses Angebot sollte in einer ruhigen, gut einsehbaren Ecke angeboten werden.

VARIANTE

Statt Pailletten können auch kleine Knöpfe gewählt werden. Sie sind leichter festzuhalten und einfacher mit der Stecknadel zu fixieren.

IDEEN FÜR KREATIVTABLETTS ▶ NADELKISSEN

◀ Das Kind legt ein Muster aus bunten Pailletten auf das Stuhlkissen.

▶ Jede Paillette wird vom Kind mit einer Stecknadel festgesteckt.

◀ Besonders schöne Kunstwerke sollten mit einem Foto für das Portfolio festgehalten werden. So können Sie mit dem Kind gemeinsam das Foto aufkleben und aufschreiben, was das Kind erzählen möchte.

Es entsteht eine einfache und individuelle Portfolioseite.

Farblabor

BILDUNGSMOMENT

Das Kind experimentiert neugierig und konzentriert mit Farben und stellt spielerisch fest, welche Mischfarben entstehen. Es lernt die Grund- und Mischfarben kennen. Die Farben verändern sich, werden manchmal heller, dunkler usw. Durch die Pipettenfläschchen werden die Feinmotorik und der Dreipunktgriff gefördert. Die große Sicherheits-Spritzflasche erfordert eine genaue Kraftdosierung. Drückt das Kind zu fest, spritzt es alles voll. Durch die Einmalhandschuhe und die Schutzbrille hat das Kind das Gefühl, etwas Bedeutsames zu tun.

ab 3 Jahren

MATERIAL

▶ weißes Kunststofftablett ▶ 1–2 semitransparente oder weiße Eiswürfelboxen ▶ rote, blaue und gelbe Lebensmittelfarben ▶ PET-Flaschen, um einen Vorrat an gefärbtem Wasser zu haben ▶ 3 Pipettenfläschchen ▶ 1 große Sicherheits-Spritzflasche, gefüllt mit Wasser, um die Farbmixturen zu strecken ▶ Einmalhandschuhe und Schutzbrille ▶ Papierhandtücher

VARIANTE

Echte Reagenzgläser im Reagenzglasständer machen dieses Experiment natürlich noch „professioneller".

IDEEN FÜR KREATIVTABLETTS ▶ FARBLABOR

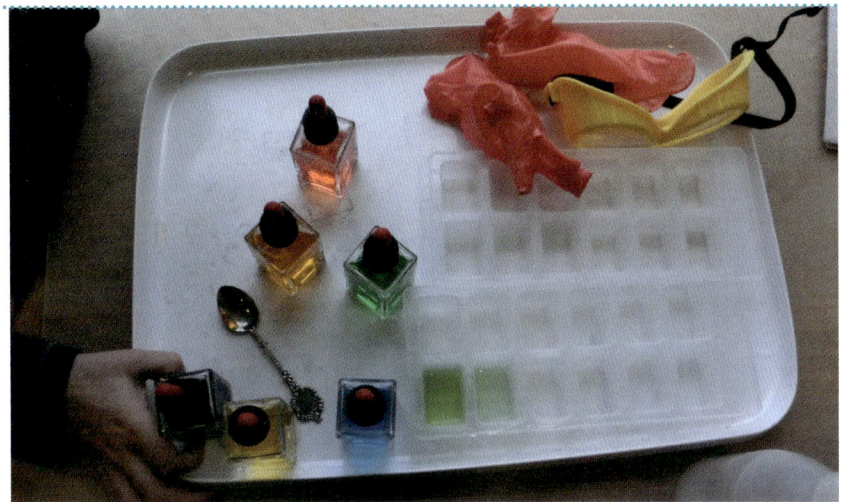

◀ Das Kind träufelt mindestens die drei Grundfarben nach Belieben in die Eiswürfelboxen.

▶ So entstehen andere Farben in verschiedenen Nuancen.

◀ Durch die Zugabe von Wasser aus der großen Sicherheits-Spritzflasche verdünnt sich die Farbe und wird heller.

Portfolio

Anregungen und Kopiervorlagen

Portfolios zeigen Momente der Entwicklung eines Kindes und sind ein Zeugnis für erworbene Fähigkeiten.

Die Arbeit mit „pfiffigen Montessori-Tabletts" ermöglicht viele wunderbare Bildungsmomente, die durch Fotos von konzentriert arbeitenden Kindern immer wieder einen individuellen Wert bekommen.

Im Laufe der Jahre haben wir zu vielen Fotos, die zunächst für die Kinder „nur" Erinnerungsfotos sein sollten, kleine Bildungsgeschichten geschrieben. Diese lesen wir den Kindern vor. Sie freuen sich darüber und heften sie stolz selbst in ihren Ordnern ab. So erfahren Kinder Wertschätzung und Achtung.

Mittlerweile hat sich dieses schöne Ritual schon derart etabliert, dass die Kinder, wenn sie sich mit einer Arbeit besonders viel Mühe geben, um ein Foto bitten, zu dem wir dann gemeinsam einen Text schreiben. Die Kinder beschreiben dann ihre Absichten, ihre Gefühle und ihre Arbeitsschritte, und wir geben unsere Einschätzung als Sahnehäubchen hinzu.

So entsteht im Laufe der Zeit ein wunderbares Erinnerungsalbum, das die Kinder oft zur Hand nehmen und sich gegenseitig mithilfe der Fotos „vorlesen" können.

Anhand der folgenden drei kleinen Beispiele, können sie sich selbst im wahrsten Sinne des Wortes „ein Bild" davon machen.

Erbsenmusik

Portfolio „Erbsenmusik" / Portfolio für Luisa

Liebe Luisa,
ich habe dir heute mit Begeisterung zugesehen, wie achtsam und konzentriert du mit dem Tablett gearbeitet hast. Danach hast du wieder alles aufgeräumt. Du warst dabei sehr ordentlich und außerordentlich geschickt. Es hat mir sehr viel Freude bereitet, dir dabei zuzusehen. Weiter so!

Deine Frau Müller

Geschenkboxen

Portfolio „Hilfe" / Portfolio für Anton

Lieber Anton,
heute wolltest du mit den neuen Schachteln spielen. Du konntest sie sehr schnell auseinanderbauen, aber dann hattest du ein Problem. Du hast Jona mit fragendem Blick eine Schachtel hingehalten. Jona hat gern geholfen. Du hast ihn gut beobachtet und daraus gelernt. Das ist wirklich eine große Leistung, finde ich. Gut gemacht Anton!

Deine Frau Müller

Geschenkboxen

Portfolio „Retter in der Not" / Portfolio für Jona

Lieber Jona,
Anton hat heute die neuen Schachteln auseinandergebaut, aber der Zusammenbau war dann noch viel zu schwer für ihn. Mit viel Ruhe und Geduld hast du alles wieder zusammengebaut und Anton genau erklärt, was du tust. Du hast Anton viel Zeit gelassen, dir zu helfen und mitzuarbeiten. Das war sehr schön für Anton. Ich bin sehr stolz auf dich.

Deine Frau Müller

Knopfschlange

Portfolio „Knopfschlange"

Um die Einzelteile der Schlange zusammenzubringen, benötigst du viel Ruhe und Geschick. Deine Finger üben sich hierbei im Umgang mit Knöpfen, und ein wenig logisches Denkvermögen gehört auch dazu. Das kannst jetzt auch schon!

Bild einkleben

Bild einkleben

Wattestäbchen-malerei

Portfolio „Wattestäbchenmalerei"

Du hast ein kleines Ausmalbild ausgewählt und dann die gewünschte Wasserfarbe mit der Pipette angefeuchtet. Dann hast du das Wattestäbchen in die Farbe getunkt und das Bild betupft und ausgemalt. Das hast du mit vielen weiteren Farben und immer neuen Wattestäbchen wiederholt. Du hast dir mit deinem Kunstwerk große Mühe gegeben!

Bild einkleben

Bild einkleben

Einkaufshinweise, Tipps und Tricks

Anregungen

Regional sind die Möglichkeiten des günstigen Einkaufs sicher sehr unterschiedlich. Hier erfahren Sie nun, wo wir stöbern und finden.

Drogeriemarkt
In Drogeriemärkten finden Sie Pinzetten, Wattestäbchen, Wäscheklammern, kleine Gefäße jeder Art und vieles mehr.

Im türkischen Laden
Hier gibt es Bohnen, Erbsen, Mais, Reis und mehr in großen Mengen zu günstigen Preisen.

Baumarkt
Trichter, Schlauch, Gummibecher, starke Magnete usw. finden Sie in Baumärkten.

Recycling
PET-Flaschen, Käseschachteln, Blechdosen, Kaffeedosen, Verpackungen aller Art zum Öffnen und Schließen lassen sich oft problemlos wiederverwenden, wenn wir sie sammeln.

Schwedisches Möbelhaus
Lichtbox, Wasserfarben, Pinsel, Kunststoffschalen, Würstchenzange, Spaghetti-Löffel sowie Geschirr, Boxen und andere Haushaltswaren können hier zu günstigen Preisen erworben werden.

Aus Katalogen (auch Internet)
Laborbedarf finden Sie in speziellen Geschäften: Pipetten, Lupen, Flaschen, Tropfflaschen, Spritzen. Gegenstände und Gerätschaften für den Schulbedarf können im Internet oft günstiger erworben werden: Holztabletts, Magnete, Holzbuchstaben, Schachteln usw.

Tipps und Tricks

- Kinder unter 2 Jahren können kleine Körbchen (ohne Henkel) besser tragen als Tabletts.
- Rutschige Tabletts können sie zur Stabilisierung mit Moosgummi auslegen.
- Bei Kreativangeboten sind Kunststofftabletts mit niedrigem Rand empfehlenswert. Sie sind besser zu reinigen und die Kinder können problemloser direkt auf dem Tablett arbeiten.
- Für das Farbenmischen eignet sich ein kleines, weißes Tablett aus Kunststoff.
- Taschenlampen und andere Leuchtmittel mit LED-Technik werden nicht heiß und sind somit für kleine Kinder gut geeignet.
- Ein Aushang an einem zentralen Platz in Ihrer Einrichtung führt oft zu einer vielfältigen Auswahl an Materialien für die verschiedensten Tabletts, denn Eltern und Großeltern helfen gern!

Literaturhinweise

Anderlik, Lore: Ein Weg für Alle. Leben mit Montessori, Modernes Lernen Dortmund

Polk Lillard, Paula und Jessen, Lynn Lillard: Montessori von Anfang an. Ein Praxishandbuch für die ersten drei Jahre des Kindes, Herder Verlag

Spitzer, Manfred: Erfolgreich lernen in Kindergarten und Schule. Audiotorium Netzwerk, DVD

Hüther, Gerald: Ohne Gefühl geht gar nichts! Worauf es beim Lernen ankommt. Audiotorium Netzwerk, DVD

Über die Autorinnen

Christel Org, geboren 1960, ein Sohn, Leiterin einer Kindertageseinrichtung, 34 Jahre Berufserfahrung, aktiv an vielen Entwicklungen beteiligt.

Sie sagt: „*Ich habe viele neue und „neue" Konzepte miterlebt, zahlreiche Zertifikate erworben und suche bis heute die gesunde Mischung zwischen der Pädagogik bzw. den Ideen von Fröbel, Montessori, Fischer, Spitzer, Weißhaupt ... Mein Fazit bis heute: „Die goldene Mitte zwischen Wissenschaft und Alltag findet man nur bei den Kindern selbst und in einer aufmerksamen und reflektierten Arbeit mit ihnen, eben, wenn man mit dem Herzen hinschaut.*

Dies ist für mich die in meinem Alltag funktionierende Basis in Zusammenarbeit mit meiner jungen Kollegin und Freundin für dieses Projekt."

Melanie Eggert, geboren 1980, verheiratet, ein Sohn, Gruppenleiterin einer integrativen Gruppe, 15 Jahre Berufserfahrung, Zertifikate für U3-Betreuung sowie Heilpädagogik.

Sie sagt: „*Seit 2001 arbeite ich auch in der U3-Betreuung. Seitdem bin ich auf der Suche nach Materialien für Kleinkinder. Die besten Erfahrungen machte ich mit den Arbeitstabletts nach Maria Montessori. Es macht mir große Freude, immer wieder neue Arbeitstabletts für „meine Kinder" und zum Teil auch mit ihnen zu entwickeln.*

Im März 2014 wurde mein Sohn geboren. Auf Grund meiner guten Erfahrungen kam es wie es kommen musste. Mit knapp einem Jahr bekam mein Krümel seine ersten zwei Arbeitskörbchen."